Mi iglesia y yo

**Rosa G. de Lewis y
Felipe Lewis**

Ediciones Crecimiento Cristiano

Diseño de la tapa: Ana Ruth Santacruz

© **Ediciones Crecimiento Cristiano**
Córdoba 419
5903 Villa Nueva, Cba.
Argentina

oficina@edicionescc.com
www.edicionescc.com

Ediciones Crecimiento Cristiano es una
Asociación Civil dedicada a la enseñanza
del mensaje evangélico por medio de la literatura.

Primera edición: 9/84
Presente edición actualizada 5/2003

I.S.B.N. 978-950-9596-89-4

IMPRESO EN ARGENTINA **T2**

Introducción

L a vida cristiana no es algo que se vive solitariamente. Cuando Dios nos llama a seguir a su Hijo Jesucristo, también nos llama a formar parte de su familia, la iglesia. El contexto, el ambiente en que debemos vivir la vida cristiana es ese pueblo de Dios que él crea de gente de toda edad y posición social.

Pero, ¿qué es una "iglesia"? ¿Cómo funciona? ¿Quiénes son sus dirigentes? ¿Qué parte puedo tener yo en su vida? Estas son preguntas que este estudio examina. Y son preguntas que también debes enfrentar si quieres vivir una vida que agrada a Dios.

Indice de temas

1
¿Qué es la iglesia?

Εκκλεσια ─┐

Nuestra palabra castellana Iglesia, representa una palabra griega **ekklesía**, que significa *asamblea* o *congregación*. En el Nuevo
Testamento ocurre _____ veces.

└──► Iglesia

Siempre describe a un grupo de personas.

Nunca se refiere a un edificio o a un lugar. La
iglesia siempre es "gente".

Para comprender realmente qué es la iglesia, necesitamos bus-
car cómo la describe Dios. En el Nuevo Testamento encontramos varias figuras que nos ayudan a entender lo que debe ser

una iglesia.

1   Lee Efesios 2:19-22. La Iglesia se compara a varias cosas en estos versículos. ¿Cuáles puedes encontrar?

La Iglesia se compara a:

2   ¿Con qué se compara la iglesia en la última parte de Efesios 2:19?

¿Qué palabras que utilizamos frecuentemente en la Iglesia nos recuerden que estamos en familia? Ver Ef 1:2 y 4:6, 1:5 y 6:21-23.

¿Por qué tiene importancia que la Iglesia sea como una familia?

3 En Efesios 2:20-22 encontramos otra comparación.
a - ¿Cuál es?

b - Pablo utilizó esta comparación para enseñar 3 verdades importantes acerca de la Iglesia. ¿Cuáles son estas verdades?

→

→

→

c - Según estos versículos, ¿qué espera ver Dios cuando mira la Iglesia?

4 La comparación que más utiliza Pablo cuando habla de la Iglesia es la que se encuentra en Efesios 1:22,23 y 4:15,16.

a - ¿A qué se compara la Iglesia en estos pasajes?

b - Cuando Pablo dice que Cristo es la *cabeza* de la Iglesia, ¿qué importantes verdades acerca de la relación entre Cristo y la Iglesia está enseñándonos?

c - Según Efesios 4:15,16, ¿qué espera Dios que haga cada uno de los integrantes de la Iglesia?

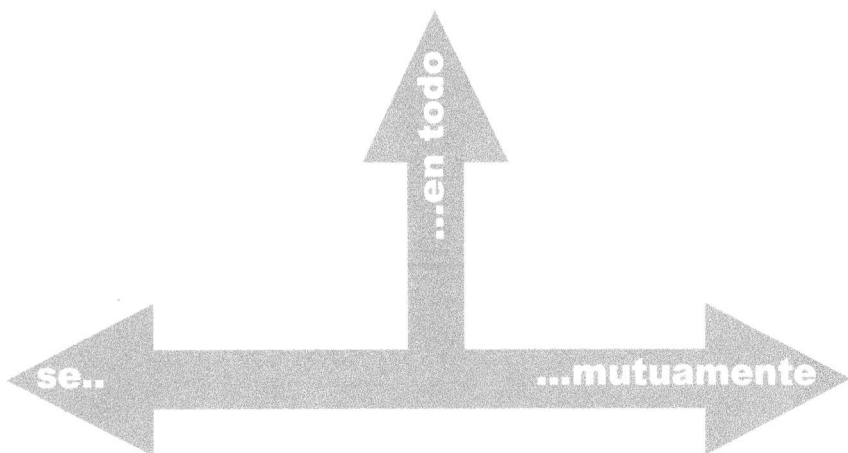

...en todo

se..

...mutuamente

5 Haz un resumen de estos versículos en tus propias palabras. Dios quiere:

2
Los dirigentes de la iglesia

En el estudio anterior vimos que la Iglesia gira en torno a una persona central.

Esa persona es:

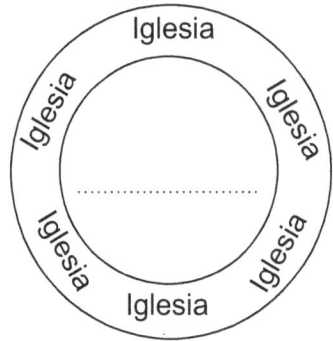

Esta persona central se compara a:
I

II

III

Al mismo tiempo, el Nuevo Testamento nos hace ver que en cada iglesia local Dios designa a personas que tienen responsabilidades definidas. En Filipenses 1:1, Pablo menciona dos grupos de líderes que tenía la iglesia de Filipos. ¿Cuáles son esos dos grupos?

1   **2**

A - Los Obispos, Ancianos o Pastores

Estas tres palabras se utilizan en el Nuevo Testamento para describir a los hombres que son responsables de la conducción espiritual de la Iglesia.

Nombre en el N.T.	Significado en el N.T.
Obispos	En el idioma del Nuevo Testamento significa alguien que es un supervisor, que organiza o coordina el trabajo; un dirigente.
Ancianos	Significa que estos hombres deben ser maduros en su fe y carácter, y que deben tener experiencia

en su vida cristiana.

Pastores

¿Qué hace un pastor?

¿Por qué se utiliza este término para describir a los dirigentes de la iglesia?

1 **En 1 Timoteo 3:1-7 se nos habla de las condiciones que debe reunir una persona para ser obispo o anciano o pastor de la iglesia.**

a - ¿Qué condiciones nos recuerdan que debe ser una persona con experiencia?

b - ¿Qué condiciones recalcan que debe saber tratar con otras personas?

c - ¿Qué condiciones se refieren a su vida de familia?

d - ¿Qué condiciones nos hablan de su capacidad para controlarse a sí mismo?

2 En los pasajes que se encuentran a continuación se describen diversos aspectos de la tarea de los obispos/ancianos/pastores. Anota la tarea que se menciona en cada pasaje.

Cita	**Tarea**
Hechos 20:28,29	
1 Tesalonicenses 5:12	
1 Timoteo 5:17	
Tito 1:9	
Hebreos 13:17	

Según Hebreos
13:17, ¿Cuál debe ser
mi actitud hacia los
ancianos de mi igle-
sia?

B - Diáconos

En el lenguaje del Nuevo Testamento esta palabra significa *sir-
viente* o *ayudante*. Hechos 6:1-6 nos ayuda a entender por qué se
empezaron a nombrar **diáconos** en la iglesia.

Pregunta   **Respuesta**

1 ¿Qué problema sur-
gió en la joven iglesia
de Jerusalén?

2 ¿Qué solución pro-
pusieron los apósto-
les?

---

3 ¿Qué condiciones
debían reunir los
hombres elegidos por
la iglesia?

4 ¿Qué diferencia ha-
bía entre las respon-
sabilidades de los
apóstoles (que aquí
hacían como de an-
cianos de la iglesia) y
las responsabilidades
de los diáconos?

En resumen, los *diáconos* son personas que tienen que ver con
aspectos administrativos en la iglesia. Cumplen tareas como:

Mantenimiento del
edificio que ocupa la
iglesia.

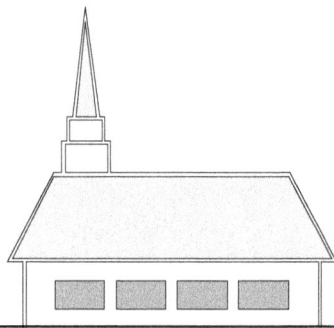

Recolección y distribución de dinero

Organización de tareas evangelísticas.

Ayuda a personas necesitadas.

etc. - etc. - etc. - etc. - etc. - etc. - etc. - etc. - etc. - etc. - etc.

3
El bautismo

El Señor Jesucristo instituyó dos prácticas u ordenanzas que debían cumplirse en la Iglesia. En este estudio examinaremos una de ellas.

En Mateo 28:19 el Señor Jesús dio sus últimas instrucciones a sus discípulos antes de dejarlos para ir con su Padre. A estas instrucciones se las ha llamado **La *gran comisión*,** y resumen el plan de Dios para que el Evangelio llegue a todo el mundo.

1 **Escribe los cuatro pasos de este plan.**

1 _____

_____

_

2 _____a todas las naciones,

3 _____en el nombre del Padre, y del Hijo, y del Espíritu Santo.

4 _____que guarden todas las cosas que os he mandado.

El libro de los Hechos, al narrar la historia de la iglesia primitiva, nos ayuda a entender ciertas verdades acerca del bautismo. Busca Hechos 2:41, 8:12. 8:36,38. Examina cada uno de estos pasajes para contestar las preguntas 2 y 3.

2 ¿En qué momento de vida cristiana se bautizaron los primeros creyentes?

3 ¿Qué debía ocurrir antes de que fueran bautizados estos creyentes?

EL BAUTISMO es una señal de que se ha comenzado una vida nueva.

EL BAUTISMO es una representación externa y visible de una realidad interna. Una persona no se bautiza para *llegar a ser* creyente, sino que se bautiza porque *ya es* creyente.

La palabra *bautizar* viene de una palabra griega que significa *sumergir*. Al sumergirse en el agua, el creyente está representando dramáticamente ciertas verdades.

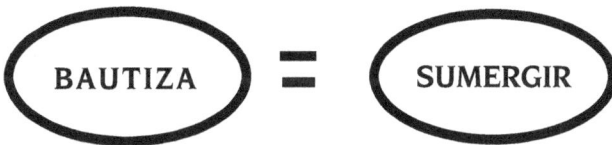

$$\text{BAUTIZA} \quad = \quad \text{SUMERGIR}$$

4   Busca ahora Romanos 6:1-5. Este pasaje es el que mejor explica estas verdades. Según este pasaje, al bautizarte, ¿qué estás diciendo a los observadores en cuanto a:

tu relación con Jesucristo?

tu actitud hacia el pecado?

tu forma de ver la vida desde el momento del bautismo en adelante?

El bautismo es una representación dramatizada de que unidos a Cristo, y al igual que él, hemos muerto y resucitado.

5 **¿Has recibido a Cristo como Señor y Salvador de tu vida?**

(SI)   (NO)

¿Has sido bautizado?

(SI)   (NO)

¿Qué significa en tu vida actual el hecho de haber sido bautizado?   **¿Por qué?**

4
La Cena del Señor

En el estudio 3 consideramos la ordenanza del Señor que marca el comienzo público, visible, de nuestra participación en la iglesia. Ahora consideraremos la otra ordenanza de nuestro Señor. A diferencia del bautismo, que ocurre una sola vez, la Cena del Señor se repite frecuentemente en la vida del creyente.
El Nuevo Testamento usa distintas frases para describir este acto:

> **1** - Hechos 2:42: "Perseveraban en la comunión unos con otros, en el

_____

_____

> y en las oraciones".

2 - Hechos 20:7: "reunidos los discípulos para

_____

_____

3 - 1 Corintios 10:21: "no podéis participar de la_____

_____y de la mesa
de los demonios".

4 - 1 Corintios 11:20: "esto no es comer la _____

LA PRIMERA CENA:

En 1 Corintios 11:23-26 tenemos una descripción de la primera cena y su significado. Lee el pasaje.

¿En qué momento se instituyó la cena del Señor?

¿Qué estaban celebrando Jesús y sus discípulos? (Ver Mateo 26:17-20)

Volviendo a 1 Corintios 11:23-26, ¿cuáles son los actos que forman parte de la cena del Señor?

Cuando Jesús dijo **esto es mi cuerpo**, ¿qué quiso significar?

→ → 1 Que el pan que los discípulos comieron en su presencia se había convertido en el cuerpo del Señor.

→ → 2 Que ese pan simbolizaba o representaba el cuerpo del Señor.

Tacha lo que no es cierto en las dos afirmación de la página anterior y explica por qué.

El N° _____ no es cierto porque:

En 1 Corintios 10:16,17 nos dice que el pan también representa otra cosa. ¿Qué otro significado tiene el pan?

Lee 1 Corintios 11:25. ¿Qué frase usa el Señor para describir la copa de vino?

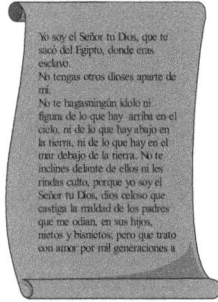

¿Qué es un pacto?

¿Por qué lo llama un nuevo pacto?

Según 1 Corintios 11:23-27, la cena del Señor tiene diversos fines. ¿Cuáles son?

El Nuevo Testamento no dice explícitamente quiénes pueden participar de la Cena del Señor. Sin embargo, resulta claro que en la iglesia primitiva participaban únicamente los discípulos de Cristo, o sea, los creyentes.

Hechos 2:41,42 también sugiere que hay un orden:

Luego participaban de...

Primero los
creyentes se

1 Corintios 11:27-32 nos habla de *cómo* debemos participar de la Cena. ¿Cuál es el peligro que señala Pablo?

¿Cuáles son las posibles consecuencias de participar *indignamente*?

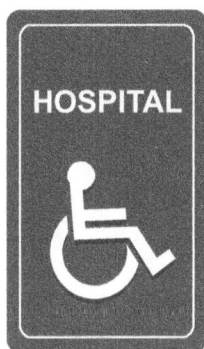

¿Qué debemos hacer para evitar este peligro?

¿Qué significa en tu vida la Cena del Señor?

5
Participación en la iglesia

En el primer estudio vimos que la iglesia es un grupo de personas que se compara

a una familia

a un edificio en construcción

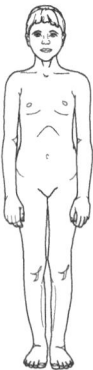

y a un cuerpo

Cada miembro de ese cuerpo tiene una tarea específica; algunos, como los ancianos y diáconos, actúan como dirigentes o tienen responsabilidades administrativas.

Pero, según Efesios 4:16, el crecimiento del cuerpo depende de la actividad de

¡TODOS TENEMOS ALGO QUE HACER!

Ahora, lee Romanos 12:3-8.

1   Cuando Pablo habla de Dones (en el v. 6) ¿a qué se refiere?

2   ¿Para qué son estos DOnes? Ver 1 Corintios 12:7 y 14:12.

3   Ver 1 Co 12:11. ¿Quién decide el DON particular de cada creyente?

4   ¿A cuáles creyentes se les dan estos DONEs?

---

5   ¿Por qué es necesario que haya muchos DONES diferentes?

6   Volviendo a Romanos 12, haz una lista de los dones que Pablo menciona en los versículos 6 a 8. Al lado de cada don, procura explicar en qué consiste.

7 Haz una lista de las tareas que deben realizarse en tu iglesia para que marche bien. Al lado de cada tarea escribe el don o los dones que mejor capacitarían a una persona para llevarla a cabo.

TAREA   DON O DONES

8 ¿Cuál es tu don?

Creo que mi don es: Si no estas seguro, ¿cómo podrías saberlo?

Conclusión

Si eres un verdadero hijo de Dios, perteneces a la iglesia de Dios. Puede ser (¡esperamos que no!) que nunca participes activamente en una congregación. Sin embargo, *todos* los hijos de Dios son miembros del cuerpo de Cristo, de su iglesia.

Te desafiamos, entonces, a ser un *buen* miembro, un miembro útil, uno que trabaja para que la familia de Dios crezca y sea un lugar sano y alegre para todos.

Cómo utilizar este cuaderno

Estos cuadernos son *guías de estudio*, es decir, su propósito es guiarle a usted para que haga su propio estudio del tema o libro de la Biblia que desarrolla este material. El cuaderno propone un diálogo. En él introducimos el tema, sugerimos cómo proceder con la investigación, comentamos, pero también preguntamos. Los espacios después de las preguntas son para que usted anote su respuesta a ellas. Esperamos que, por medio del diálogo, le ayudemos a forjar su propia comprensión del tema. No de segunda mano, como cuando se escucha un sermón, sino como fruto de su propia lectura y investigación.

¿Cómo hacer el estudio?

1 - Antes de comenzar, ore. Pida ayuda a Dios que le hable y le dé comprensión durante su estudio.

2 - Se deben leer los pasajes bíblicos más de una vez y preguntarse: ¿Qué dice el autor? Aunque muchos utilizan la versión Reina-Valera de la Biblia, conviene tener otra versión o versiones disponibles para comparar los pasajes entre las dos. La "Versión popular" y la "Nueva versión internacional" le pueden ayudar a ver el pasaje con más claridad.

3 - Siga con la lectura de la lección. Responda lo mejor que pueda a las preguntas.

4 - Evite la tendencia de "apurarse para terminar". Es mejor avanzar lentamente, pensando, preguntando, aclarando.

En grupo

El estudio personal es de mucho valor pero se multiplican los beneficios si lo acompaña con el estudio en grupo. Un grupo de hasta 8 personas es lo ideal. Pero, puede ser que por diferentes motivos el grupo esté formado por usted y una persona más, aun así, es mejor que estudiar solo.

En realidad, estos cuadernos han sido diseñados con ese motivo: estimular el estudio en células, en grupos pequeños. La manera de hacerlo es fácil:

1 - **Usted hace en forma personal una de las lecciones del cuaderno.** Aun cuando pueda haber cosas que no entienda bien, haga el mayor esfuerzo posible para completar la lección.

2 - **Luego se reune con su grupo.** En el grupo comparten entre todos las respuestas de cada pregunta. Puede ser que no tengan las mismas respuestas, pero comparando entre todos las van aclarando y corrigiendo.
Es durante este compartir semanal de una hora y media, este diálogo entre todos, donde se encuentra la verdadera riqueza y que nos provée esta forma de estudio.

3 - **Evite salirse del tema.** El tiempo es oro, y lo más importante es enfocar todo el esfuerzo del grupo en el tema de la lección. Luego, pueden dedicar tiempo para conocerse más y tener un rato social.

4 - **Participe.** Todos deben participar. La riqueza del trabajo en grupo es justamente eso.

5 - **Escuche.** Hay una tendencia de apurar nuestras propias opiniones sin permitir que el otro termine. Vamos a aprender de cada uno, aun de los que, según nuestra opinión, están equivocados.

6 - **No domine la discusión.** Puede ser que usted tenga todas las respuestas correctas, sin embargo es importante dar lugar a todos, y estimular a los tímidos a participar. No se trata de sobresalir, sino de compartir aprendiendo juntos.

Si en el grupo no hay una persona con experienca en coordinarlo, se puede encontrar ayuda para dirigir un grupo en:

1 - Nuestra página web, www.edicionescc.com. La sección "Capacitación" ofrece una explicación breve del método de

estudio.

2 - En las últimas páginas de nuestro catálogo se ofrece también una orientación.

3 - El cuaderno titulado "Células y otros grupos pequeños" es un curso de capacitación para los que desean aprender cómo coordinar un grupo.

4 - Hay algunas guías que disponen de un cuaderno de sugerencias para el coordinador del grupo.

Finalmente diremos que las guias no contienen respuestas a las preguntas ya que el cuaderno es exactamente eso, una guia, una ayuda para estimular su propio pensamiento, no un comentario ni un sermón. Le marcamos el camino, pero usted lo tiene que seguir.

Que el Señor lo acompañe en esta tarea y si necesita ayuda, comuníquese con nosotros. Estamos para servirle.

Se terminó de imprimir en
Talleres Gráficos de
Ediciones CC
Córdoba 419 - Villa Nueva, Pcia de Córdoba
Mayo de 2014
IMPRESO EN ARGENTINA

www.ingramcontent.com/pod-product-compliance
Lightning Source LLC
Chambersburg PA
CBHW060950050426
42337CB00052B/3468